Glædelig jul med Loven om Tiltrækning

7 konkrete strategier til at skabe en magisk jul uden stress med dem du holder af

GLÆDELIG JUL MED LOVEN OM TILTRÆKNING – 7 konkrete strategier til at skabe en magisk jul uden stress med dem du holder af

© 2023 Bettina Møller Jensen

Alt indhold er skabt af Bettina Møller Jensen og er copyright beskyttet

Omslag: Sara Kornerup Fog, www.magicalart.dk

Korrektur: Nanna M. R. Nielsen

Foto af Bettina: Calin Strajescu

Forlag: BoD – Books on Demand, Hellerup, Danmark

Tryk: BoD – Books on Demand, Norderstedt, Tyskland

1. udgave, 1. oplag

ISBN: 9788743049968

www.bettinamollerjensen.dk

Focus & Flow – Skolen for konkret anvendelse af Loven om Tiltrækning

v. Bettina Møller Jensen

Af samme forfatter

Sorgen er et knust hjerte – men du græder aldrig for evigt (2023)

De 9 nøgler du bør kende, når du læser englekort (2022)

Loven om Tiltrækning for børn (2020)

Taknemmelighed med Loven om Tiltrækning (2019)

10 Fortryllende fortællinger fra Loven om Tiltrækning (2019)

Det starter med tak – opdag genvejene, der løfter din vibration (2018)

365 kærlige kindheste fra Loven om Tiltrækning (2018)

Visionboard – Sådan gør du dine drømme til virkelighed (2017)

Sådan ændrer du din vibration på 100 dage (2017)

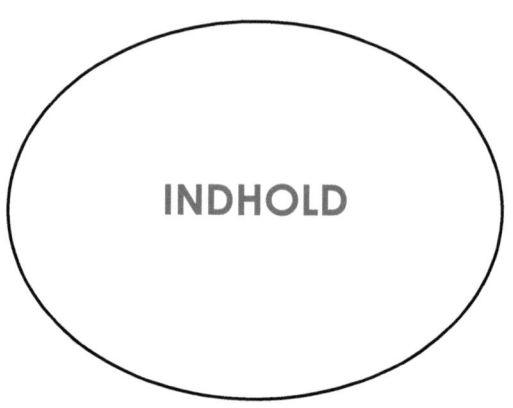

INDHOLD

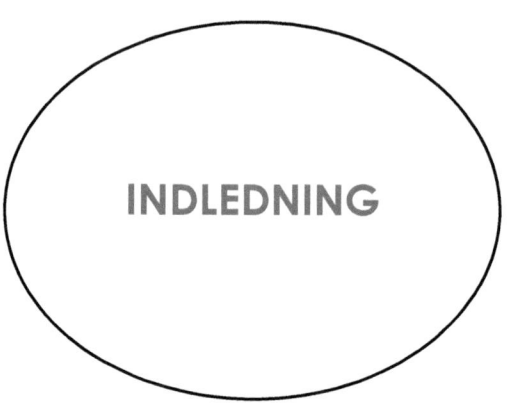

INDLEDNING

Jeg husker, når jeg som lille pige vågnede juleaftensdag, så var der noget ved den dag, der adskilte sig markant fra alle andre dage. Det var langt fra blot en almindelig dag, den føltes ganske enkelt anderledes.

Jeg kunne tydeligt mærke forskel.

Det var som om den 24. december var indhyllet i et magisk skær, som det var umuligt at forstyrre.

Jeg har også kun i overvejende grad positive minder fra mine juleaftener som barn.

Hvis man da lige ser bort fra det år, hvor vi i hast og i bælgravende mørke, havde købt et juletræ, som ved nærmere eftersyn i dagslys måtte holdes sammen ved hjælp af tape.

Og så var der også lige året, hvor juletræet væltede, hver gang nogen åbnede hoveddøren.

Og nå ja, og også det år hvor katten klatrede i træet.

Så ved nærmere eftersyn, så var der måske også lige en jul eller to, som røg lidt ved siden af glansbilledet.

Sådan er det for rigtig mange.

Måske er det bevidstheden om, at hvis vi fejler i perfekthedens navn, så er der et helt år på 365 dage, til vi får chancen igen. Det kan vi kun gisne om.

Men der findes en vej til at mindske presset og tage styringen over julen tilbage.

Den hedder Loven om Tiltrækning.

I denne bog får du 7 lette og konkrete strategier, du kan bruge, når du vil skabe den bedste jul med din familie og dine slægtninge, og ovenikøbet komme helskindet igennem den selv.

Men før vi kommer til strategierne, så lad os komme i julestemning med et rigtigt juleeventyr.

Så lad os komme i gang.

Juleeventyret om den perfekte jul, starter på næste side.

Drømmen om den perfekte jul

Det var stadig mørkt udenfor.

Hun støttede sig på den ene albue for at kunne se, hvad der stod på clockradioen.

Hendes blik blev mødt af de røde tal, der blinkede.

14.22 stod der.

For pokker tænkte hun, mens hun faldt tilbage i sengen ned på puden.

Hun var kommet til at hive stikket ud i går, og havde aldrig fået stillet uret igen.

Gad vide hvad klokken var.

Hun fokuserede blikket stift på sprækken under rullegardinet i et forsøg på at pejle sig ind på, om dagslyset var på vej. Hendes mand sov tungt ved siden af hende. Hun blev liggende. Hendes mave føltes tung og oppustet. Hun vidste, hvad det betød. Hun greb fat i en pude og møffede den ind under sit hoved, for at løfte det højere op, så hun bedre kunne trække vejret.

Hun mærkede, hvordan det spændte i halsen og gjorde vejrtrækningen besværlig. Hun rømmede sig som for at skabe bedre plads.

For et par uger siden havde hun været ved læge med halsen. Men lægen havde sagt, at hun var sund og rask og havde haft svært ved at sætte en finger på noget, så hun var gået derfra med uforrettet sag.

Hun kom til at tænke på alt det, hun skulle nå i dag. Alt det hun manglede, og hun mærkede, hvordan halsen snørede sig sammen og hvordan det sved i øjnene.

Tankerne myldrede rundt i hovedet på hende.

Hun var kommet fra at lave ris á la mande i går aftes, fordi hendes mand var kommet sent hjem og havde pizza med.

Hun var aldrig rigtig kommet op fra sofaen igen.

De var kommet til at se et program om Band Aid fra 1984, som handlede om hvordan hele sangen, *"Do they know it's Christmas"*, med alle de kendte kunstnere var kommet i stand.

De var kommet alt for sent i seng, og alt det hun havde planlagt at nå i går aftes var gået fløjten.

Nu hang hun på den igen.

Hun elskede jul og ville så gerne gøre det hyggeligt og rart for sine børn og sin familie.

Det var juleaftensdag, og i aften var det juleaften.

Hun kiggede ud gennem sprækken igen under rullegardinet. Det så stadig mørkt ud, så klokken måtte i hvert fald være før 8.00, tænkte hun.

Hun havde glemt, hvornår det blev lyst. Uanset hvad var det i hvert fald tidligt. Hun greb efter sin mobil for at se, hvad klokken var. 6.21 stod der på skærmen.

Hun hørte døren til soveværelset gå op.

Døren smækkede mod kommoden med et hårdt smæld. Hendes mand rørte på sig. Hun så omridset af en lille skikkelse, der målrettet kom i mod hende.

"Moar, moar" sagde skikkelsen.

Røde julelys og vansirede nisser

Hun var tæt på at låse sig inde på badeværelset og skrige ned i 3 badehåndklæder.

Hun havde en gang hørt om en dame, der var så presset, at hun gik ud på sit badeværelse og lagde hovedet ind i et skab, mens hun skreg sin frustration ud.

Hun overvejede at gøre det samme.

Hun kastede et blik ind i stuen.

Tumlingen havde trukket sin legelænestol op i sofaen. Han havde taget grillhandsker på fødderne og sad nu på en noget vakkelvorn trone og kluklo, mens han så en julefilm.

I den anden ende af sofaen lå hus-teenageren med sin dyne og snappede med sine veninder.

Støvsugeren stod midt på gulvet.

Katten sov trygt midt i nisselandskabet.

Hun sukkede da hun så, at katten havde gnavet i et par nisser, som nu så temmelig vansirede ud i det ellers så nydelige nisselandskab.

Hun skulede olmt til de røde juletræslys, som hendes mand ved en fejl havde fået købt i stedet for de hvide lys, som hun bedst kunne lide.

Hun kiggede på uret, der var to timer til gæsterne kom.

Hun mærkede, hvordan pulsen steg, og hun følte et let strejf af svimmelhed.

Der var tusinde ting hun skulle nå. At dømme efter husets andre beboere var det tilsyneladende kun hende selv, der reagerede på det.

I det samme trådte hendes mand ind i køkkenet efter at have været afsted på sin daglige løbetur.

Han smilede kærligt til hende imens han sagde: *"Det er så dejligt vejr udenfor. Du burde gå en tur, inden de kommer. Vi er jo godt med."*

Hun mærkede raseriet boble indeni, som var det Vesuv, der var ved at lægge an til et eksplosivt udbrud og drukne alle landsbyer på sin vej i slagger af aske, småsten og glødende lava.

Godt med!

Godt med!

Hun kunne lave en liste på 20 sider, med alt det de manglede og skulle nå på bare 2 timer.

Alt det de manglede for at julen kunne blive helt perfekt.

Indeni var hun ked af det.

Hun ville så gerne hygge med sine børn og nyde det var jul.

Og nu stod hun her igen, med røde stress pletter på halsen og håbede på, at tiden ville gå i slowmotion, så hun kunne nå alt det hun skulle, så hun kunne give sin familie den perfekte og idylliske jul, hun drømte om.

Pyrolyse og andefedt

"Skal jeg ringe efter brandvæsenet",
spurgte hendes mor?

"Nej, nej" sagde hendes mand ude
fra køkkenet, "den slukker lige om
lidt".

Hun kiggede på flammerne i ovnen.

For at hjælpe hende, havde hendes
mand sat gang i ovn rensnings-
programmet, men i processen
havde han glemt at tørre det spildte
andefedt op.

Pyrolyse og andefedt er en rigtig
dårlig kombination.

Så nu slikkede flammerne op af
indersiden af ovnen. I stuen var alle
vinduer åbne for at få røgen ud.

Tumlingen kom kørende forbi på
scooter, kun iført undertøj, som også
var det kostume, han havde
indtaget julemiddagen i.

Hun havde ellers drømt om et glansbillede af artige, velfriserede børn, men af en eller anden grund gik det altid helt anderledes.

Katten sov veltilfreds i nisselandskabet, og mens de fejlindkøbte røde julelys lyste om kap med de røde stress pletter på hendes hals, besluttede hun sig for, at det var sidste gang, hendes jul skulle være på den måde.

Der måtte ske noget, og der måtte en forandring til.

Og forresten …

Damen med stress pletterne på halsen …

Hun var mig engang for længe, længe siden i en fjern fortid.

LOVEN OM TILTRÆKNING

For at forstå den beretning du netop har læst, så starter vi med at se på, hvad Loven om Tiltrækning er.

I mit arbejde møder jeg mange der tror, at Loven om Tiltrækning er sådan et nyt koncept, som er opstået i forbindelse med en meget populær film og en række bøger af Rhonda Byrne, som udkom i 2005/2006.

Men sandheden er selvfølgelig, at Loven om Tiltrækning har været her længe før.

I forhold til Loven om Tiltrækning er du måske stødt på formuleringen at: *"Lige tiltrækker lige"*?

I sin essens betyder det, at det som er ens, bliver tiltrukket af hinanden.

Jeg kunne godt tænke mig at give dig en lettere forklaring på, hvordan det i det hele taget hænger sammen.

Når jeg skal forklare andre, hvad Loven om Tiltrækning er, så bruger jeg denne definition, som siger:

"Jeg tiltrækker alt det, som jeg giver mit fokus, min energi og min opmærksomhed til."

Det betyder med andre ord, at det du er mest optaget af, det bliver også det, der bliver forstærket og dermed også det, som du får mere af ind i dit liv, og det billede og den virkelighed du oplever.

Du får det til at vokse, når du giver det energi, og det kommer til at fylde mere i dit liv.

En lettere måde at forstå Loven om Tiltrækning på er ved at forstå, at hele manifestationsprocessen handler om den vibration, som du sender ud.

Er ordet vibration nyt og anderledes for dig, så blot vid at en vibration er

fuldstændig det samme, som de
følelser og de fornemmelser du
oplever.

Du kan derfor også med sikkerhed
regne med, at når noget føles
forkert, så er det i langt de fleste
tilfælde også i overensstemmelse
med sandheden og ligeledes, når
noget føles godt, ja, så kan du også
roligt regne med at det er rigtigt.

Det betyder faktisk, at du er fuldt ud i
stand til, ene og alene ved at lægge
mærke til, hvordan noget føles, at
vide om du er på en positiv eller en
negativ vibration.

En positiv vibration føles godt, og når
du er på en positiv vibration, så
tiltrækker du tilsvarende resultater,
som også ligger på en positiv
vibration.

Positive vibrationer bliver skabt af
følelser som for eksempel:

glæde, begejstring, optimisme, håb, tillid, kærlighed, taknemmelighed og positive forventninger.

Ligeledes så føles en negativ vibration mindre godt, og når du er på en negativ vibration, så tiltrækker du tilsvarende resultater, som også ligger på en negativ vibration.

Negative vibrationer bliver skabt af følelser som for eksempel:

mistro, bekymringer, vrede, had, frustration, stress, tristhed, sorg og negative forventninger

Opsummerende betyder det, at den vigtige opgave i at tæmme Loven om Tiltrækning, og det du manifesterer ind i dit liv, starter med at du tager kontrol over dit fokus, frem for at du lader dine følelser sætte kursen og stikke afsted med dig.

Måske er du en af dem som glæder sig til jul, men alligevel så har du sådan en lille stemme inden i, som siger: *"Åh jeg orker dårligt nok alt det ræs, stress og jag"*.

Eller måske er du en af dem, som for længst har givet slip på stress og jag, men alligevel gruer du for alle de sammenkomster og julefrokoster du skal til, fordi du husker, hvordan det plejer at gå, og hvordan det måske gik sidste år?

Det kan være du genkender det fra dig selv, eller fra nogen du kender?

Uanset hvad så læs videre.

For i denne bog får du alle de svar du har brug for, så du også kan skabe præcis den jul, du ønsker, så du kommer godt og gnidningsløst gennem julen og helligdagene med dine slægtninge.

Du får nemlig 7 strategier, så du kan ændre din vibration, så du dermed også ændrer på manifestationen, og ender med at skabe præcis den jul, som du drømmer om og længes efter.

STRATEGI #1

Plant de rette frø

Når du ønsker en dejlig jul sammen med din familie og dine slægtninge, så er det første punkt at du sørger for, at du rent faktisk også sætter de frø i jorden, som du ønsker skal spire og blomstre.

Er du klar over, at langt de fleste ofte gør det modsatte?

Det vil sige, at de planter de frø, som de faktisk allerhelst vil være fri for?

Her er hvad der ofte sker:

Allerede inden du overhovedet er nået til selve juleaften, så er den indre båndafspiller gået i gang med at afspille et bånd, som er blevet til på baggrund af dine tidligere oplevelser af de mennesker, du skal være sammen med og erindringerne om, hvordan det tidligere er gået.

I overhængende grad er der en tendens til, at oplevelserne af det, der tidligere er gået mindre godt, er det, der taler højest på båndafspilningerne.

Det kan være du husker, hvordan din kusine Beate sidste år var voldsomt irriterende, fordi hun blev ved med at drille dig og prikke til dine ømme punkter.

Eller måske var det din onkel Knud, der blev lige festlig nok 2. juledag, da han havde fået mere end en snaps for meget indenbords.

Uanset hvad der nu har været på spil, så sker der faktisk det, på et ubevidst plan, at du allerede inden du er nået dertil, hvor det kunne ske at være en udfordring, er begyndt at plante frøene. Vel og mærke de forkerte frø. Fordi de er frøene af alt det, du egentlig helst er fri for.

Så frem for at tænke over alt det, som du helst vil være fri for, så plant i stedet frøene til det, som du ønsker.

Skal du for eksempel igen i år være sammen med din kusine Beate og din onkel Knud, så vær bevidst om, hvordan du kunne tænke dig, at det skulle foregå.

Hvis du er vant til, at din kusine altid driller dig, så flyt i stedet dit fokus til det du ønsker. Nemlig at din kusine i år vil undlade at drille dig, og i stedet være hyggelig og rar at være sammen med.

Hvis du er vant til, at din onkel Knud altid bliver lidt anstrengende på grund af antallet af snaps, så flyt dit fokus til det, du i virkeligheden godt kunne tænke dig. Nemlig at han i år holder igen med snapsene, og er hyggelig og rar at være sammen med.

Du kan tilføje et ekstra lag som også hjælper med at se din kusine Beate og din onkel Knud i et andet lys.

Det er ganske enkelt ved at finde konkrete ting, som du kan være taknemmelig for.

Måske er du taknemmelig for, at din kusine Beate altid hjælper med at passe din kat, når du skal ud at rejse. At hun altid tilbyder at læse korrektur på dine opgaver, og gerne vil hente dine børn fra SFO, når det brænder på.

Måske er du taknemmelig for, at din onkel Knud altid hjælper dig med at flytte. At han altid gerne vil hjælpe dig i haven og ved virkelig meget om historie, så du altid kan få et klart svar, når du er i tvivl.

Uanset hvad du er taknemmelig for, så hjælper taknemmelighed dig med at finde frem til det glædelige.

Og det føles ganske enkelt godt at blive opmærksom på alle deres gode sider, frem for at være optaget af at de er vanvittig irriterende.

Når du udviser taknemmelighed for det der er, så svarer det til, at du peger på noget, og siger til Loven om Tiltrækning: *"Det her kan jeg godt lide, vær rar at give mig mere af det"*.

At udvise taknemmelighed bløder vibrationen op, og det er den direkte vej til at skabe en forandring af din vibration, og det er præcis det, du har brug for, når du vil skabe andre resultater.

Det gælder også de resultater, du ønsker i forbindelse med din jul.

Når du bliver opmærksom på, hvordan du godt kunne tænke dig at julen blev sammen med din kusine Beate og din onkel Knud, og du samtidig udviser taknemmelighed for facetter ved dem, som du sætter pris på, ja så sker der faktisk det, at du planter frøene for at tiltrække mere hensigtsmæssige og ønskede resultater.

Det gælder om at plante frøene og holde tingene i det lys, som du ønsker at se det i.

STRATEGI #2

Slip perfektionismen

Det er naturligt for de fleste mennesker at gøre sig umage.

At stræbe efter at gøre sit bedste ud fra de rammer man nu engang har til rådighed, er absolut et sympatisk træk.

Der hvor det bliver en udfordring er, når ønsket om at gøre sit bedste udvikler sig til regulær perfektionisme.

Perfektionisme er en tro på, at det perfekte findes og kan opnås.

Det er en illusion.

Det perfekte vil altid være udenfor rækkevidde, da der altid vil være mere du kunne gøre eller forfine, derfor kan du akkurat lige så godt sparke illusionen om det perfekte til hjørnet med det samme.

I forhold til Loven om Tiltrækning så vil du også komme galt afsted, såfremt du er motiveret af perfektionisme.

Perfektionisme rummer jo netop elementet, at du aldrig opnår at blive 100% tilfreds med din egen indsats.

Det du er mest optaget af, får du mere af.

Det betyder potentielt, at du ved at være i en vibration af perfektionisme aldrig vil føle dig helt opfyldt, da der altid vil være mere du kunne have gjort.

Således vil du blive fyldt med en følelse af, langt fra at være tilfreds med dig selv og din egen indsats. Konsekvensen vil yderligere være, at du bliver et match til både omstændigheder, mennesker og ting som befinder sig på den samme lavere vibration.

Løsningen er at give slip på forestillingen om, at det perfekte findes, og ligeså give slip på at dem, du skal være sammen med, har en forventning om, at alt skal være perfekt.

Tænk over det et øjeblik:

Hvordan definerer du det perfekte?

Det perfekte er en subjektiv størrelse, som vi aldrig bliver enige om, hvad er.

Således bliver det også et mål, du aldrig vil lykkes med.

Du kan for altid og for evigt jagte det mål uden at komme over målstregen og modtage trofæet.

Når vi mislykkes med det vi har besluttet os for, så er der en overhængende risiko for, at vi føler os som en fiasko.

En vibration af at føle sig som en fiasko hører til i den lave ende af vibrationsskalaen, og således vil du også være et match til at tiltrække mere af samme skuffe, som befinder sig på en tilsvarende lav vibration.

Flytter du derimod dit fokus til, at du gør dit bedste ud fra de rammer, der nu engang er til stede, så slipper du dig selv af limpinden.

Lad mig forklare, hvordan det hænger sammen.

At have et mål om at gøre sit bedste, er en vibration af håb og motivation. Disse vibrationer ligger i den mere positive ende af vibrationsskalaen.

Når du udsender en positiv vibration, så tiltrækker du mere af det samme.

Det kan også hjælpe dig, at flytte dit perspektiv, og se situationen fra en anden vinkel.

Forestil dig at det var dig, der skulle holde jul hos andre.

Hvordan ville du agere?

Ville du dømme dem, fordi de havde røde lys på juletræet? Eller fordi anden var blevet branket på lårene? Ville du starte med at køre en finger henover reolen for at se, om de havde tørret støv af? Ville du kigge under sofaen for at se, om der var støvsuget?

Hvad ville du egentlig gøre, hvis situationen var omvendt?

Formentligt ville du dårligt nok lægge mærke til det, medmindre de selv gjorde opmærksom på det og omhyggeligt fortalte dig, at lysene skulle have været hvide og at anden skulle have været mindre brændt.

Hvis det er sådan du selv ville agere overfor andre, så tænk lige over, hvorfor det skulle være anderledes med dine gæster?

Det vi giver fokus, energi og opmærksomhed til, bliver det vi tiltrækker, og det der kommer til at vise sig i vores fysiske virkelighed.

Jeg plejer at sige, at hvis der er noget du ønsker skal forsvinde, så undgå at give det opmærksomhed.

Det du lyser på, bliver også det du ser.

STRATEGI #3

Du er aldrig forpligtiget til at sige ja tak

Højtider og helligdage er for mange også forbundet med et pakket program med familiebesøg og andre aktiviteter.

Det kan være intenst og overvældende, og det er bestemt noget, der kan have en negativ indflydelse på din vibration, særligt hvis du oplever at det er mere en byrde, end det er en glæde.

På grund af den altid lydige Loven om Tiltrækning bør alle aktiviteter, du foretager dig, bidrage til glæde og begejstring. Gør de det modsatte, så bør du overveje, om det er noget du ønsker at udsætte dig selv for.

Når du gør noget, som du godt kan mærke, tager din energi frem for at give dig energi, så skal du være

opmærksom på, at den slags
aktiviteter får din vibration til at falde.

Når din vibration falder, så begynder
du gradvist at blive et match til ting,
omstændigheder og mennesker,
som ligger på en lavere vibration
end dig, med den konsekvens det
har. Nemlig at du selv begynder at
svinge med på en lavere vibration,
og således også begynder at
tiltrække negative resultater.

For at undgå at overbruge dig selv,
og risikere at blive træt og udmattet,
så vær selektiv i forhold til de
aktiviteter du ønsker at deltage i.

Der er måske aktiviteter og
sammenkomster, som det kan være
sværere at komme ud af, og det er
også okay. Hvordan du håndterer
de sammenkomster, som du af den
ene eller den anden grund føler dig
forpligtet til at deltage i, vender jeg

tilbage til på et senere tidspunkt i bogen.

Begynd med at få et overblik over alt det du er inviteret til, og måske selv skal holde i løbet af december og juletiden.

Giv dem et nummer hvor 1 er det du glæder dig til at være med i, og 10 er det du helst vil være fri for. (Brug kun hvert tal en gang).

Skriv aktiviteterne op i numerisk rækkefølge og start med nr. 1.

Nu har du en oversigt over dine arrangementer.

Tag stilling til hvert arrangement og beslut dig for, om du gerne vil med, eller om du gerne vil være fri for at være med. Vær ærlig.

De arrangementer som du kommer frem til, at du helst vil være fri for, går du lidt mere i dybden med.

Hvorfor er det du gerne vil være fri?

Er det fordi det ligger langt væk? Er det fordi du har været til meget i dagene før, eller er det eventuelt på grund af de mennesker, der også skal med?

Uanset hvad du finder frem til, er det vigtigt at du har fået overblik, så det bliver lettere at lave en plan.

Er der arrangementer du er kommet frem til, at du helst er fri for, så meld fra med god samvittighed.

Blot fordi du er inviteret, er du aldrig forpligtet til at sige ja tak. Du er i din gode ret til at melde fra, også uden at skulle forklare, bortforklare eller undskylde.

Som sagt reagerer Loven om Tiltrækning på det du giver fokus, energi og opmærksomhed til, så det betyder, at når du skal melde fra til et arrangement, så bliver du nødt til at formulere dig på en måde, der tilfredsstiller Loven om Tiltrækning.

Lad mig give dig et eksempel:

Ringer du for eksempel op og siger nej tak, så vil hele fokus og dermed også energien være koncentreret om dit nej og om at du således ønsker at bevæge dig væk fra noget.

Så det du kan gøre i stedet for er, at give opmærksomhed til det du ønsker at bevæge dig hen imod.

I dette tilfælde kunne det for eksempel være som beskrevet herunder.

Fremfor at sige:

"Nej tak, jeg kan ikke komme"

Så sig i stedet for:

"Tak for invitationen jeg foretrækker at komme en anden gang i stedet for."

Fornemmer du forskellen i det, der er fokus på, og den energi der følger med?

STRATEGI #4

Sørg for pauser

I tråd med det vi netop har talt om er pauserne.

Når du sørger for at indlægge pauser til dig selv, så du også har tid til at gøre ting, som er meningsfyldte og stimulerende for dig, så ændrer du vibrationen til det positive frem for, hvis du kører på hver dag i hele juleferien med det ene arrangement efter det andet.

Du vil opdage, at når du tillader dig selv at have pauserne, så bliver dine batterier hurtigere ladet op frem for, hvis du bare kører dag ud og dag ind.

Når du har planlagt pauser til dig selv i programmet, så undgår du, at blive drænet.

At føle sig drænet er en negativ vibration, og som vi allerede har været inde på, så tiltrækker du mere

af det, som du er mest optaget af.
Således hvis du er drænet for længe
ja, så begynder du uvægerligt at
svinge med på vibrationen.

Hvorimod når du tillader dig selv at
have pauserne, så vil du i stedet føle
dig fyldt op med god energi og
parat til igen at interagere med
familie og venner.

Det, at du ved, at der er åndehuller
imellem arrangementerne, vil også
hjælpe dig til bedre at kunne
værdsætte de arrangementer, du
beslutter dig for at deltage i.

STRATEGI #5

Det handler aldrig om dig

I interaktionen med andre mennesker kan vi ofte fejlagtigt antage, at andre mennesker opfatter verden og virkeligheden nøjagtigt som vi selv gør.

Hvis denne antagelse var korrekt, så var der mange ting, der ville være lettere i interaktionerne mellem mennesker.

Misforståelser mellem mennesker opstår, fordi vi netop forestiller os, at andre ser og forstår verden nøjagtig på den samme måde, som vi selv gør.

Der er forskellige måder at omsætte information på, og hjernen foretager et kæmpemæssigt arbejde, når den sorterer i de betragtelige og massive antal af indtryk, vi får ind.

En forenkling af processen er, at for at kunne rumme alle indtrykkene og informationerne, så er det nødvendigt, at hjernen sorterer i det.

Det gør den blandt andet i forhold til, om der er noget den genkender fra tidligere, og den både udelader og generaliserer også de indtryk, den får ind.

Således vil de resultater og de indtryk vi står tilbage med hver især være forskellige, uagtet at vi har deltaget i det samme arrangement, og haft adgang til nøjagtig samme informationer.

Allerede her bliver det meget tydeligt, hvorfor kommunikationen mellem mennesker i mange tilfælde går skævt.

Nogle gange siger vi måske ovenikøbet:

"Hvis bare onkel Knud kunne være anderledes, så ville det hele være meget bedre."

Det vi bliver nødt til at forstå er, at vi er ude af stand til at fjernstyre onkel Knud. Han har sin egen vibration.

Og nogle gange kunne det jo være en forjættende tanke at forestille sig, at det var muligt at fjernstyre andre mennesker ved at bruge Loven om Tiltrækning.

Desværre er det umuligt.

Det eneste der er muligt i denne sammenhæng, det er at du 100% selv bestemmer, hvordan du reagerer på det, der sker omkring dig og på det, du oplever. Ligeledes bestemmer du også selv, hvad du vil have fokus på.

Så hvis det er din sandhed, at onkel Knud drikker for mange snaps, og det er derfor at julefrokosten altid bliver en udfordring, så er det din egen opgave at beslutte, hvordan du vil reagere på det, og hvor du vil have dit fokus.

STRATEGI #6

Skru ned for alkoholen

"Når alkoholen går ind, så går forstanden ud", siger et gammelt ordsprog.

Udover at forstanden muligvis også går fløjten, så er der et andet essentielt faktum, som du bør være meget opmærksom på, og som bliver direkte berørt af indtagelsen af alkohol og det er:

Din vibration.

Indtagelse af alkohol påvirker din vibration negativt. Det betyder at din vibration falder. Når vibrationen falder, så medfører det, at du bliver et match til både ting, mennesker og omstændigheder, som ligger på en tilsvarende lav vibration.

Loven om Tiltrækning er ligeglad med, hvorvidt du drikker danskvand eller rødvin.

Loven om Tiltrækning matcher blot den vibration, som følger med.

Så hvis du ved, at situationen i forvejen er anspændt, så overvej selv at holde igen med alkoholen, så du undgår at blive et match til lavere vibrationer.

STRATEGI #7

Pas din egen vibration

Nogle gange møder jeg mennesker i mit arbejde, som siger:

"Han eller hun trækker mig altid ned, når vi er sammen".

Det er en misforståelse, at andre mennesker er i stand til at trække dig ned.

Det kan opleves sådan, men det der reelt set sker er, at du selv vælger at sænke din egen vibration, så du bliver et match til deres.

Det kan f.eks. være, at din erfaring fra tidligere sammenkomster er, at når din onkel Knud begynder at diskutere politik til julefrokosten, så ender det gang på gang i de helt store diskussioner om hvilket parti, der er det rigtige at støtte.

Frem for at gå med på galejen, så pas i stedet for på din egen vibration og pas din egen vibration.

Det betyder med andre ord, at du er opmærksom på, at dit eget velbefindende er altafgørende, at det for dit vedkommende handler om at have det så godt som muligt, og du føler dig så godt tilpas som muligt.

Helt konkret betyder det, at du undgår at indgå i samtaler og relationer som potentielt påvirker din vibration negativt.

Husk på at du altid har et valg.

Det er et valg om du vil indgå i diskussionen, eller om du vil undlade at indgå i diskussionen.

Du vælger selv.

Du er aldrig forpligtet til at indgå i en samtale, som du helst vil være foruden.

Måske kan du have en følelse af, at det kan være svært at komme uden om, hvis du er i situationen, men det er vigtigt at vide at du selv vælger.

Du kan for eksempel bryde momentum ved at rejse dig fra bordet og gå på badeværelset.

Du vil se, at når du kommer tilbage, så er den anden part engageret i en anden samtale og du kan gøre det samme.

En forestilling fortsætter kun så længe, der er et publikum. Når publikum går, lukker forestillingen.

AFSLUTNING

Du har nu fået 7 strategier, som du kan bruge til at skabe den bedste jul for dig selv og din familie.

Her er et resume af de 7 strategier, du har lært, som hjælper dig til at komme godt igennem julen og helligdagene med din familie og slægtninge:

#1 Plant de rette frø

#2 Slip perfektionismen

#3 Du må godt melde afbud

#4 Sørg for pauser

#5 Det handler aldrig om dig

#6 Skru ned for alkoholen

#7 Pas din egen vibration

Du er ude af stand til at styre, hvordan andre agerer. Men det du kan forvente er, at når du begynder at arbejde med og forandre din egen vibration, og når du ændrer dit fokus, så vil du se, at der også sker en forandring i dine relationer, og den måde tingene plejer at spille af på, vil også forandre sig.

For at få andre resultater end de resultater du tidligere har fået, så bliver du nødt til at ændre din vibration.

Det er den eneste måde at få andre resultater på.

Når du begynder at blive mere bevidst om dit fokus, så vil du opleve, at din ydre virkelighed begynder at forandre sig.

En måde til at blive mere bevidst om, hvad du vil have og hvad du ønsker at fokusere på, er ved at arbejde med øvelserne på de kommende sider.

Når du laver øvelserne, så fokuserer du energien og dermed sætter du vibrationerne i gang.

Loven om Tiltrækning matcher altid din vibration, og giver dig mere tilbage af det samme.

Så begynd allerede nu at ændre dit fokus, så du ændrer din vibration, så du kan få andre resultater og den bedste jul indtil nu.

Glædelig jul til dig og dine - eventyrene venter derude!

Kh

Bettina

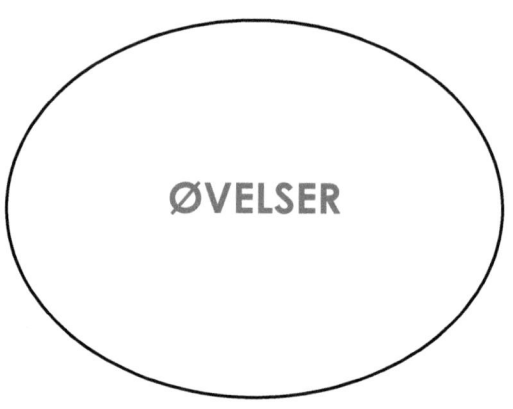

ØVELSER

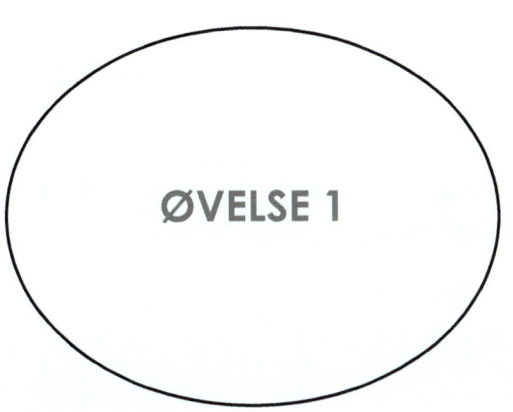

ØVELSE 1

Øvelse 1A fortidens jul

Lav en liste over de juleaftener du har haft, som virkelig gik præcis som du ønskede, og beskriv hvad det var omkring netop den jul, som du godt kunne lide.

Var det stemningen, var det de mennesker du var sammen med, det i talte om, den følelse det efterlod dig med eller måske noget helt andet?

Skriv her

Skriv her

Øvelse 1B fortidens jul

Lav en liste over de juleaftener du har haft, som gik helt anderledes end du havde håbet.

Beskriv hvad det var ved den jul som gik helt forfærdeligt. Var det stemningen, var det de mennesker du var sammen med, det i talte om, den følelse det efterlod dig med eller måske noget helt andet?

Skriv her

Skriv her

Øvelse 1C planlægning af din jul

Hvem skal du være sammen med i julen? Skriv navnene og deres relation til dig herunder.

Skriv her

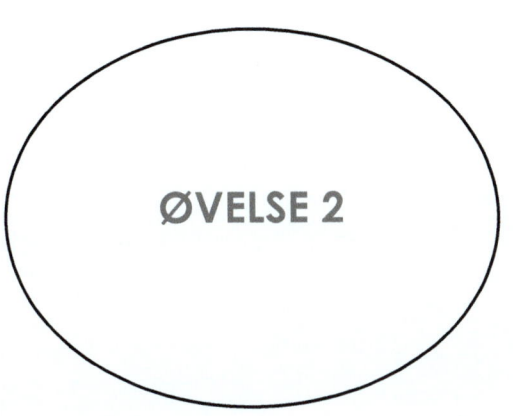

ØVELSE 2

Øvelse 2

Ud for hver relation, som du listede i øvelse 1C, skriv nu 3-5 ting for hver af dem, som du er oprigtigt taknemmelig for.

Skriv her

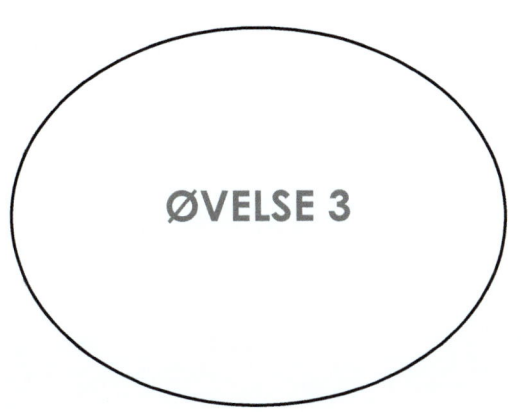

ØVELSE 3

Øvelse 3

Skriv dit eget juleeventyr med alle de implicerede parter og beskriv hvordan det hele udfolder sig, og hvordan de hver i sær spiller de roller, du ønsker de skal spille, så du kan få den bedste jul nogensinde.

Skriv her

Skriv her

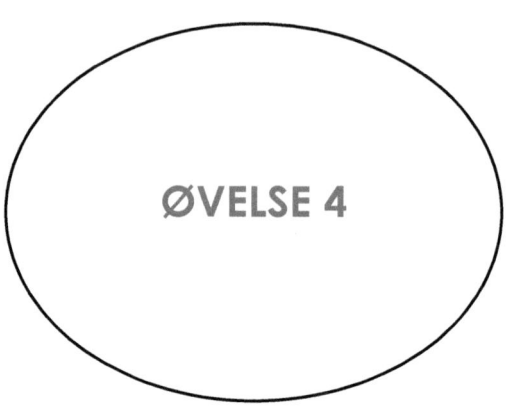

ØVELSE 4

Øvelse 4 Pauser

Hvilke pauser kan jeg tage, hvordan
og hvor længe

Skriv her

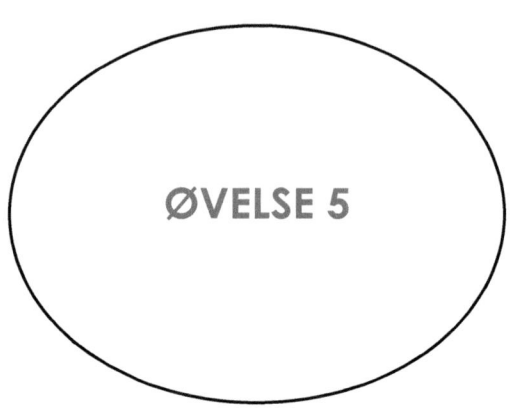

ØVELSE 5

Øvelse 5 Vær på forkant

Planlæg de betændte situationer på forhånd, så du har øvet dig på svarerne.

Hvilke emner synes du altid er svære at tale om, og hvilke emner vil du helst undgå at tale om? Skriv dem herunder

Hvilke emner foretrækker du at tale om i stedet for. Beskriv dem herunder.

Skriv her

Skriv her

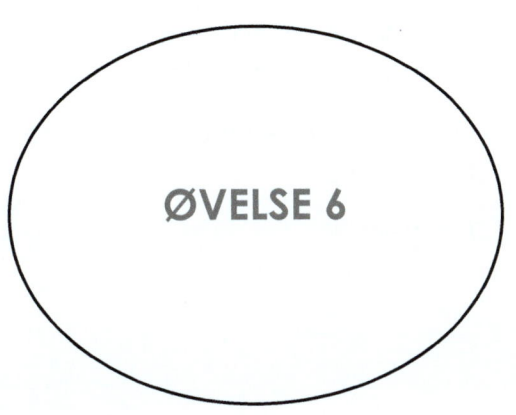

ØVELSE 6

Øvelse 6 Disse resultater fik jeg

For at du løbende kan forbedre dine resultater, så er det nødvendigt at du gør status på det, som gik som du ønskede eller bedre samt det, som gik anderledes end det du ønskede.

Hvad gik godt eller bedre? Hvad gik anderledes?

Skriv her

Skriv her

OM BETTINA

Bettina Møller Jensen er ekspert i
Loven om Tiltrækning og
visionboards. Bettina hjælper
mennesker og virksomheder med at
tiltrække mere af det de ønsker og
mindre af det, de ikke ønsker.

Oprindeligt er Bettina uddannet
cand.ling.merc. i engelsk, med
bestalling som Tolk og Translatør, og
arbejdede i en lang årrække i den
finansielle sektor, blandt andet som
leder.

Via coaching og undervisning
hjælper Bettina mennesker med at
opnå mere frihed, handlekraft og
glæde i livet ved at mestre Loven
om Tiltrækning. Bettina har undervist i
tusindvis af mennesker i, hvordan
man bruger Loven om Tiltrækning
bevidst til at tiltrække og skabe det
liv man ønsker sig.

Som den eneste i Danmark er
Bettina: *Certified Law of Attraction
Facilitator*, og hun er kendt for at

gøre Loven om Tiltrækning konkret og let at forstå.

Du kan få kontakt med Bettina på de fleste sociale platforme. Hvert sted deler Bettina forskelligt indhold, som hjælper dig i dit arbejde med Loven om Tiltrækning.

Hjemmeside:
www.bettinamollerjensen.dk

Instagram: @bettina.moeller.jensen

YouTube kanal: Bettina Møller Jensen

Facebook: Loven om Tiltrækning – Bettina Møller Jensen

Egne noter:

Egne noter: